행복은 내 안에
숨어 있었네

이 책의 활용법

■ 오른쪽 페이지에 있는 그림과 글을 감상하면서 숨어 있는 그림을 찾습니다. 정답은 책 뒤쪽에 있습니다.

■ 왼쪽 페이지에 있는 빈 그림에 색칠을 하고, 말풍선 속에 알맞은 말을 써 넣어 자기만의 작품을 완성합니다.

■ 무늬가 들어 있는 왼쪽 페이지에는 자신의 생각을 글로 적거나 그림을 그려 넣습니다.

행복은 내 안에
숨어 있었네

아주 특별한 「숨은그림찾기」·1

최준식 글·그림

함찬북

소중한 것들은 마음의 눈으로

최준식(일러스트레이터)

'잘 보려면 마음으로 보아야 한다'는 말이 있다. 「숨은그림찾기」의 세계가 그런 것 같다. 중요한 것, 소중한 것은 정작 자신의 주변에 가까이 있음에도 그것을 잘 찾지 못한다. 그리고는 마치 진실 게임처럼 엉뚱한 곳에서 헤매다 뒤늦게 발견하는 일이 허다하다.

「숨은그림찾기」는 우리에게 삶의 지혜를 가르쳐준다. 중요한 것, 소중한 것은 저 멀리 있는 것이 아니라 마음의 눈으로 주위를 잘 살피면 아주 사소한 일상 속에서 찾을 수 있다는 것을 알려준다. 삶 속에서 크게 눈을 뜨면 찾고자 하는 해답이 뜻밖에도 가까이 있다는 것을 일깨워주는 것이다.

멀티미디어 시대가 되면서 언제부터인가 '책의 무용론'을 이야기하는 사람도 있다. 그것은 전자 출판의 발전과 그 편리함, 그리고 책을 대신하는 다른 볼거리의 범람 때문이기도 할 것이다. 하지만 인류가 존재하는 한, 적어도 '종이 책' 그것을 대체할 만한 것은 없을 거라는 견해에 나는 한 표를 던진다. 인류 최고의 발명품인 종이 책의 우수성을 따라잡을 것은 아무것도 없기 때문이다. 지금까지도 그렇지만 앞으로도 영원히 그럴 것 같다.

이번에 출간하는 「숨은그림찾기」 시리즈가 실로 중요한 것, 소중한 것들을 주변에서 찾게 되는 계기를 독자 여러분들께 드리게 되었으면 좋겠다. 그리고 무엇보다 현대인의 고질병이 되어가는 '스마트폰 중독'에서 벗어나 느림의 미학을 즐길 수 있는 단서가 되기를 바란다.

행복해질 권리는 스스로 찾을 수밖에

홍영철(시인)

시든 소설이든 수필이든 글을 쓸 때 가장 먼저 하게 되는 것은 머릿속에 하나의 그림을 그리는 일이다. 인물이든 장면이든 모든 것은 일단 그림 이미지로 구성된 다음 문장으로 옮겨진다. 흔히 그것을 '상상'이라고 일컫는다. 문학뿐만이 아니라 모든 예술의 창작은 그런 과정을 거치게 되어 있다. 이미지는 창조적인 행위에 있어서 아주 중요한 역할을 한다.

이상적인 독서의 양식을 이야기할 때 자주 나오는 말이 '재미와 교양'이다. 이 두 가지의 균형이 잘 맞으면 독서의 효율성을 최대한 끌어올릴 수 있는 것이다. 최준식 씨의 이미지들이 여기에 해당하는 것 같다. 그의 그림은 보는 이의 눈길을 오래 머물게 한다. 재미도 있지만 무엇인가 생각하게 하는 힘이 있다.

최준식 씨의 이미지들 속에는 여유가 넘친다. 고개를 끄덕이게 하고 미소를 짓게 한다. 저 혼자 동떨어져 다른 세상에 머물고 있는 그림이 아니다. 그림의 소재를 누구나 공감할 수 있는 생활 속에서 가져오기 때문이 아닌가 여겨진다.

살아가면서 애써 갈고 닦으며 배우려 하는 것은 우리가 좀 더 지성인에 가까이 다가가려는 몸부림이 아닐까 싶다. 지성인이란 어느 시대, 어느 누구와도 편견 없이 대화할 수 있는 사람을 말한다. 지식이 넘쳐나는 시대에 지식인은 많으나 지성인은 잘 보이지 않는다. 한평생을 지내는 데 꼭 필요한 자양분 같은 삶의 지혜가 별로 쓸모도 없는 지식에 자꾸 밀리는 듯한 오늘이다. 그래서 함께 마음을 나눌 수 있는 진정한 지성인이 더욱 그리워진다.

최준식 씨의 이미지들은 지금 이 시대를 살고 있는 바로 우리의 모습을 과장 없이 담고 있어서 큰 울림으로 다가온다. 이 책으로 자신과 주변을 돌아보는 시간을 가지게 되리라 믿는다. 부디 재미와 교양을 함께 얻을 수 있는 좋은 기회가 되기를 바란다. 우리는 행복해질 권리가 있고, 그 권리는 스스로 찾을 수밖에 없으니까.

차례

part 1

지혜는 마법의 샘물

part 2

여유로움 속에 평화가

part 3
찾을 것은 아직 많다

part **4**

이것이냐, 저것이냐

모두 여기에 숨어 있었네

지혜는 마법의 샘물

지혜는 지식보다 더 높은 곳에 있다.
지혜는 마법의 샘물이어서 마실수록 더 힘차게 솟아오른다.
지혜는 인간이 가질 수 있는 가장 큰 덕이다.

서로 서로 미소를 지으십시오.
평화는 미소에서 시작됩니다.
여러분이 전혀 미소 짓고 싶지
않은 사람에게 하루에
다섯 번씩 미소 지으십시오.
평화를 위해서 그렇게 하십시오.

- 도로시 헌트

만년필촉 · 버선 · 깔때기 · 빨랫방망이 · 조개 · 팽이

행복은 내 안에 숨어 있었네

화살표 7개

千	千	爲	敵		一	夫	勝	之
천	천	위	적		일	부	승	지
萬	苦	自	勝		爲	戰	中	上
만	고	자	승		위	전	중	상

전장에서 수천의 적과 혼자 싸워 이기는 것보다
하나의 자기를 이기는 것이 전사 중의 전사이다.
一법구경

장총 · 양초 · 숫자 7 · 종이배 · 연필 · 넥타이

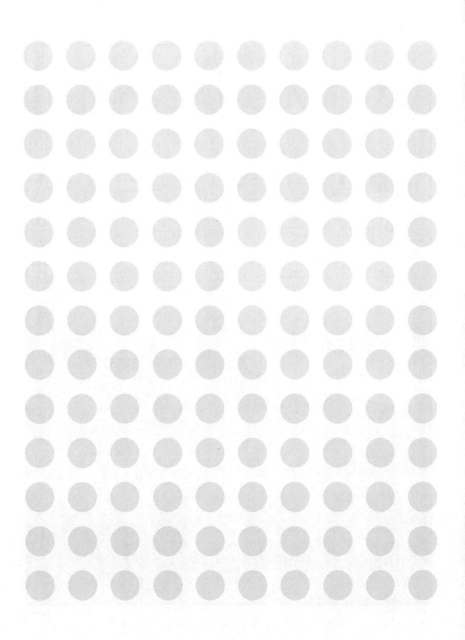

열대어 · 개 머리 · 버선 · 호미 · 화살표 · 텐트

A kindness is never lost.

친절은 결코 헛되지 않는다.

―영국 격언

애교 있는 행동은
사람의 눈을 즐겁게 하고,
진실한 행동은
사람의 마음을 지배한다.
－호프

열쇠 · 종이배 · 돛단배 · 총알 · 플라스틱 바가지

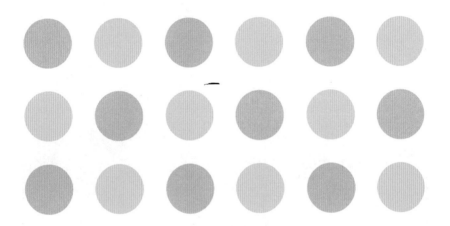

상상의 고민이 현실보다 크다

운동 모자 · 알파벳 L · 아이스콘 · 연필 · 하트 · 도끼날

새 · 황새 머리 · 돛단배 · 뼈다귀 · 피라미드 · 부엌칼

그대들 함께 함에는 공간을 두라.
그리하여 하늘의 바람이 그대들
사이에서 춤추게 하라.

서로 사랑하라. 그러나
사랑에 얽매이지는 말라.
오히려 그대들 영혼의 기슭
사이에 일렁이는 바다를 두라.
서로의 잔을 넘치게 하되
한쪽 잔만을 마시지 말라.
서로가 자기의 빵을 주되
같은 조각만을 먹지 말라.
함께 노래하고 춤추며 즐기되
그대들 각자가 따로 있게 하라.
비록 그들이 같은 음악을 울릴지라도
기타줄이 따로 있듯이…
— 칼릴 지브란

하트 모양 10개

완전한 아내와 남편

종이배 · 고추 · 종이비행기 · 도장 · 하트 · 새

나의 실패와 몰락에
대해서 책망할 사람은
자신 이외에는 없다.
나는 깨닫게 되었다.
내가 자신의 최대의 적이며
나 자신이 비참한 운명의
원인이었던 것이다.
— 나폴레옹

국자 · 버섯 · 아이스콘 · 복어 · 소시지 · 포크

방황과 여행의 차이

바보는 방황하고
현명한 사람은
여행한다.
— 풀러

페인트 붓 · 모종삽 · 학사모 · 종이배 · 원뿔 · 가오리

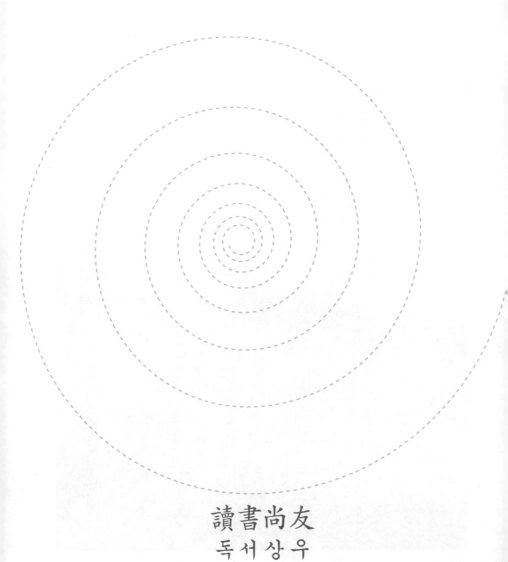

讀書尚友
독서상우

책을 읽으면 옛 현인과도 벗이 될 수 있다는 말

책 속에 인류가 있다

큰 도서관은 인류의 일기장과 같다. — 도슨

못 · 벽돌 · 종이비행기 · 화분 · 피라미드 · 화살표

생각은 많이, 행동은 신중히

압정 · 타버린 성냥개비 · 셔틀콕 · 깃털 펜 · 고래

하트 모양 7개

질투는 사랑일까?

질투 속에는
사랑보다
이기심이 더 많다.

- 라 로시푸코

편지 봉투 · 서예 붓 · 플라스틱 바가지 · 다리미 · 가오리 · 텐트

접은 우산 · 종이배 · 삿갓 · 장화 · 몽당연필

종이비행기 · 원뿔 · 괭이 · 왕관 · 만년필촉 · 못

만년필 촉 · 바가지 · 쇼핑백 · 빗자루 · 삿갓 · 당근

아무데도 의지할 곳 없이 홀로 늙어가며
느끼는 고독보다 더 나쁜 것은 없다.
결혼하라. 결혼하라. —
심지어 그가 뚱뚱하고
재미없는 남자라 할지라도!

- 코코 샤넬

피라미드 · 병따개 · 고추 · 오리 · 깔때기 · 별 모양

모든 것은 머릿속에서 만들어진다

이 세상의 모든 위대한 사업의 시작은 사람의 머릿속에서 먼저 계획된 것이다. 그렇기 때문에 그대의 사상을 풍부히 하라! 저 대건축물이라도 먼저 사람의 머릿속에서 그 형태가 그려진 이후에 만들어졌던 것이다. 현실은 사상의 그림자이다.
— 칼라일

슬리퍼 · 오징어 몸통 · 가오리 · 돛단배 · 화분 · 열쇠

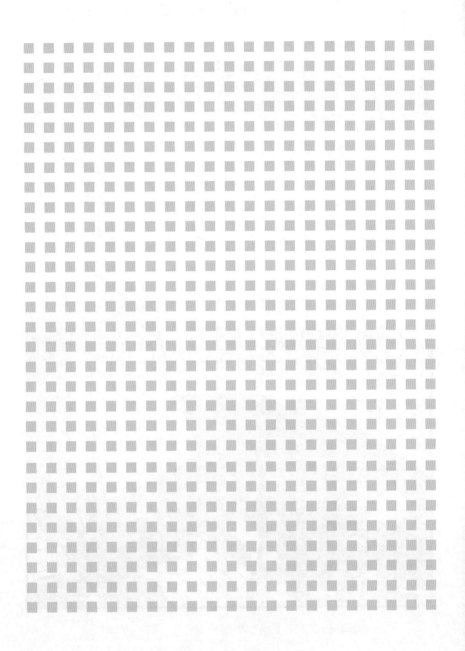

엽전 · 종이비행기 · 낚싯바늘 · 페인트 붓 · 개 머리

게으른 사람은 결국
자기가 자기 살점을 뜯어먹게 된다.
천재는 남보다 부지런하고
남보다 인내하면서 스스로는
아직 부족하다고 생각하는
사람이다.
-영국 속담

별 모양 · 못 · 화살표 · 새 머리 · 포크 · 호미

쇼핑백 · 부엌칼 · 텐트 · 장화 · 오리 · 성냥개비

A man's will moves heaven.

사람의 의지는 하늘을 움직인다.

—영국 격언

인간이 인간다울 수 있는 힘은 그 의지력에 있는 것이지, 재능이나 이해력에 있는 것은 아니다. 아무리 재간이 있고 이해력이 풍부하여도 실행력이 없다면 아무것도 할 수 없기 때문이다.
사람의 의지력이 그의 운명을 만들고 있다.

—에머슨

철사 옷걸이 · 절굿공이 · 바지 · 돛단배 · 세숫대야

여유로움 속에 평화가

조금 천천히 생각하고 천천히 지내자.
너무 팽팽히 당긴 활시위는 끊어지기 쉽다.
잠시뿐인 생명이지만 나비의 그 여유만만함을 생각하라.

새 · 개 머리 · 깔때기 · 장화 · 낚싯바늘 · 열쇠

접은 우산 · 경찰 모자 · 송곳 · 화살표 · 종이비행기 · 호미

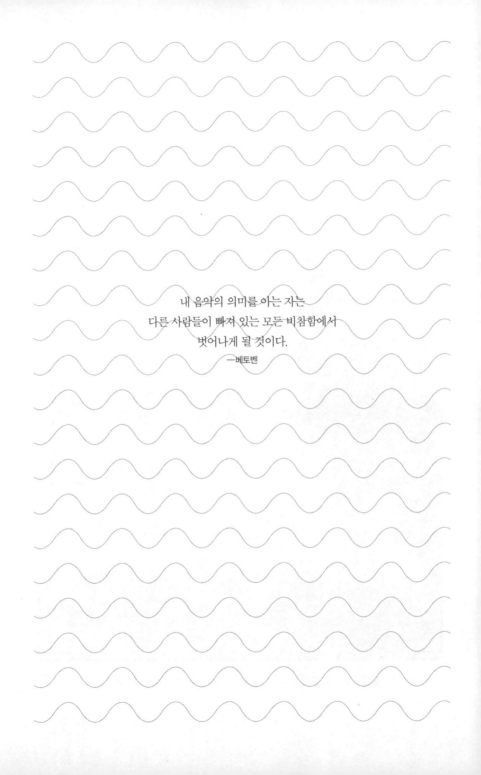

내 음악의 의미를 아는 자는
다른 사람들이 빠져 있는 모든 비참함에서
벗어나게 될 것이다.
—베토벤

말굽 · 하트 · 운동 모자 · 도마 · 불지 않은 풍선

행복은 내 안에 숨어 있었네

신용불량자의 기억상실

머리빗 · 고추 · 돛단배 · 하트 · 삼각자 · 오징어 몸통

백수의 자격

뼈다귀 · 화살표 · 종이컵 · 괭이 · 청룡도 · 페인트 붓

낫 · 부메랑 · 열대어 · 종이컵 · 피라미드 · 병

행복은 내 안에 숨어 있었네

만년필촉 · 중절모 · 고무장갑 · 가오리 · 개 머리 · 사다리

남편과 아내의 공통점

플라스틱 바가지 · 종이컵 · 거위 · 호미 · 부츠 · 새

별 모양 · 고추 · 오징어 몸통 · 국자 · 접은 딱지 · 남자 구두

종이비행기 · 불지 않은 풍선 · 운동 모자 · 호롱불 · 양초 · 호미

아니 벌써?

나비 · 열대어 · 버섯 · 슬리퍼 · 금붕어 · 개 머리

행복은 내 안에 숨어 있었네

과일 샐러드 같은 그녀

부메랑 · 골프채 · 화살표 · 호미 · 세숫대야 · 양말

결혼을 하는 것이 좋은가, 하지 않는 것이 좋은가,
그 어느 쪽이든 너희는 후회할 것이다.

─소크라테스

촛불 · 오리 · 돛단배 · 넥타이 · 꽃병 · 군인 모자

너무 친절한 간호사

낚싯바늘 · 화살표 · 괭이 · 고무 망치 · 칠판 지우개

행복은 내 안에 숨어 있었네

장화 · 프라이팬 · 종이배 · 편지 봉투 · 커피잔 · 은행잎

펼쳐진 책 · 비커 · 괭이 · 쇼핑백 · 깔때기 · 돛단배

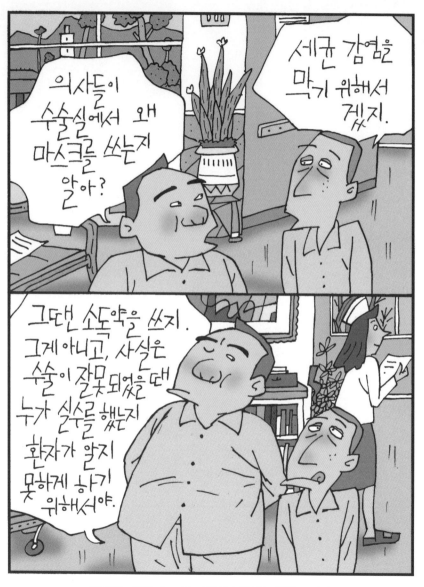

돛단배 · 한자 山 · 못 · 바나나 한 쪽 · 양말 · 비커

코 막고 장난 전화

바가지 · 만년필촉 · 칫솔 · 알파벳 H · 호미 · 열쇠

상상은 마음의 공기다

―베일리

벗는다는 상상

카우보이 모자 · 깔때기 · 꽃병 · 양초 · 야구 배트

플레이보이와 요리사의 웃음

세숫대야 · 괭이 · 볼링핀 · 화분 · 국자 · 고추

행복은 내 안에 숨어 있었네

카우보이 모자 · 남자 구두 · 바가지 · 슬리퍼 · 망치 · 부츠

뼈다귀 · 야구 배트 · 칫솔 · 페인트 붓 · 카드 봉투 · 장화

밤톨 · 은행잎 · 고추 · 다이아몬드 · 화살표 · 피라미드

볼링핀 · 바지 · 효자손 · 자물쇠 · 대접 · 비커

찾을 것은 아직 많다

미래는 찾는 사람에게만 보이고, 발견하는 사람만이 차지할 수 있다.
우리는 오래 전부터 많은 것을 찾아왔지만, 앞으로 찾을 수 있는 것은 많다.
누구나 볼 수 있는 것들 중에서 아무도 생각지 못한 것을 찾는 일이 발견이다.

꼬리에 꼬리를 무는 생각

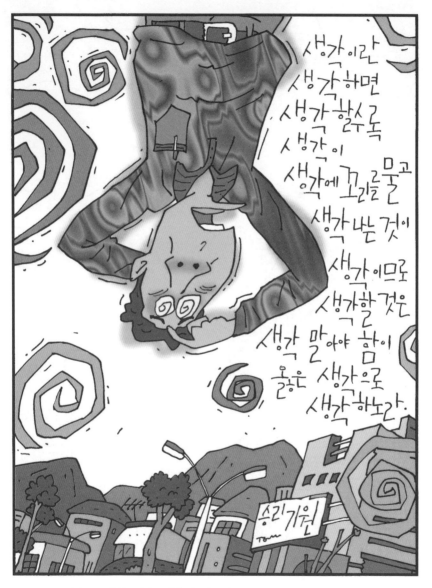

생각이란
생각하면
생각할수록
생각이
생각에 꼬리를 물고
생각 나는 것이
생각이므로
생각할것은
생각 말아야 함이
옳은 생각으로
생각하노라.

부츠 · 페인트 붓 · 접은 우산 · 마술사 모자 · 뼈다귀 · 철모

행복은 내 안에 숨어 있었네

펼쳐진 책 · 포크 · 볼링핀 · 방울모자 · 나막신 · 중절모

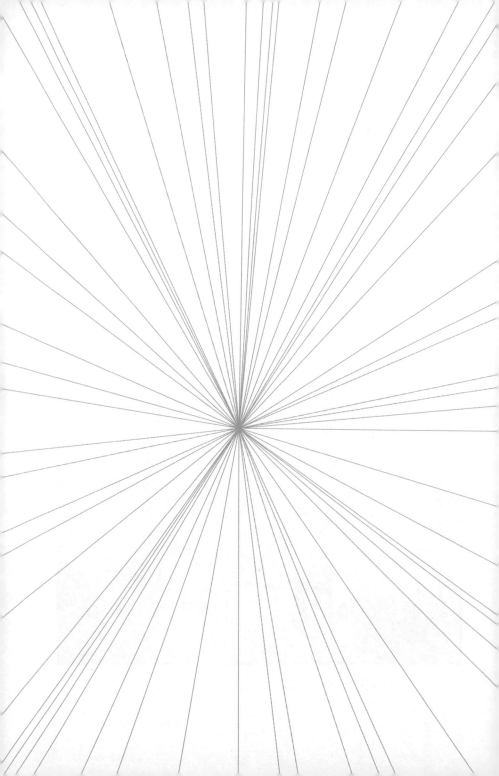

공기총 · 하트 · 괭이 · 연필 · 장화 · 가오리

성냥개비 · 아이스콘 · 숫자 7 · 카드 봉투 · 모종삽 · 중절모

An ounce of prevention is worth a pound of cure.
예방의 1온스는 치료의 1파운드와 맞먹는다.

—영국 속담

하나님, 건강하세요

망치 · 빗자루 · 빨랫방망이 · 피라미드 · 고무장갑

오리 · 깔때기 · 중절모 · 왕관 · 말굽 · 커피잔

군인 모자 · 만두 · 장화 · 포크 · 무 · 국자

서예 붓 · 고추 · 뼈다귀 · 쇼핑백 · 낫 · 화분

구두닦이의 마케팅

괭이 · 편지 봉투 · 플라스틱 바가지 · 오리 · 남자 구두

요즘 며느리

버선 · 오징어 몸통 · 삿갓 · 고추 · 군인 모자 · 볼링핀

화살표 · 경찰 모자 · 새 · 알파벳 T자 · 열쇠 · 촛불

북극성

작은곰자리
칼리스토와 제우스 사이에서 태어난 아들 아르카스. 칼리스토는 헤라의 미움을 받아 곰으로 변하여 숲속을 헤매다가 훌륭한 사냥꾼이 된 아들 아르카스와 마주친다. 칼리스토는 기뻐서 자신이 곰인 것도 잊고 아르카스에게 달려갔고, 아르카스는 곰이 자신을 공격하는 것으로 생각하여 곰에게 활을 겨눈다. 이 안타까운 광경을 본 제우스는 어머니와 아들을 별자리로 만들어 하늘에 올려주었다.

빗자루 · 카드 봉투 · 열대어 · 삿갓 · 슬리퍼 · 무

성형 미인도 박명일까?

성냥개비 · 슬리퍼 · 병 · 고추 · 넥타이 · 맷돌

일을 한다는 것은 인간에게 부과된 운명이라고 생각하여라.

—톨스토이

숫자 7 · 가오리연 · 화살표 · 몽당연필 · 커피잔

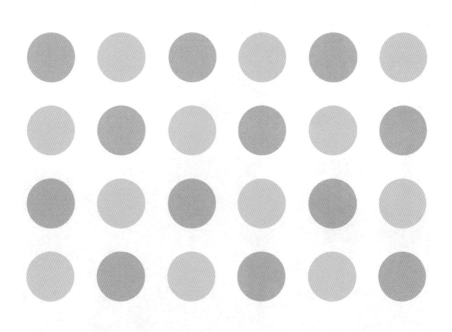

종이비행기 · 입술 모양 · 버선 · 유리잔 · 새

조개 · 우리나라 지도 · 피라미드 · 압정 · 종이배

슬리퍼 · 삼각자 · 넥타이 · 오징어 몸통 · 몽당연필

야구 배트 · 호미 · 병 · 골프채 · 새 · 할아버지 옆얼굴

사랑하는 사람과 함께 사는 데는 하나의 비결이 있다.

상대를 변화시키려고 해서는 안 된다는 것이다.

—샤르돈

불지 않은 풍선 · 페인트 붓 · 철모 · 세숫대야 · 화살표 · 장화

다리미 · 화분 · 원뿔 · 왕관 · 남자 구두 · 괭이

종이배 · 물고기 · 청룡도 · 새 · 돛단배 · 커피잔

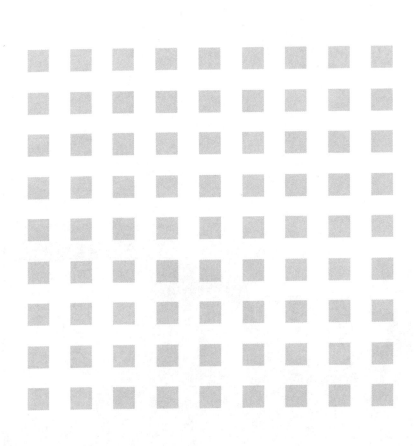

종이비행기 · 괭이 · 도끼 · 장화 · 접은 우산 · 병

행복은 내 안에 숨어 있었네

빨랫방망이 · 하트 · 플라스틱 바가지 · 숫자 7 · 물고기 · 열쇠

개를 조심하세요

망치 · 커피잔 · 구부러진 못 · 종이배 · 여우 머리 · 윗뿔

이것이냐, 저것이냐

인간은 세상에 내던져진 존재여서 언제나 선택의 갈림길을 가야 한다.
빛과 그림자, 어느 길을 가느냐 하는 것은 자유다.
그러나 자신에게 주어진 그 자유의 책임은 참으로 크다.

처녀자리

아스트레아는 정의의 여신이다. '금의 시대'에 신과 사람들은 지상에서 어울려 살았다. 계절이 생기고 농사를 시작하면서 사람들 사이에서 싸움이 일어나자 신들은 하늘로 돌아가 버렸다. 그러나 아스트레아는 인간을 믿고 '은의 시대'에 지상 살면서 정의를 심으려 했다. '동의 시대'가 되자 인간은 거짓과 폭력을 일삼고, 부모와 형제들까지도 피를 흘리고는 했다. 아스트레아도 참지 못하고 하늘로 돌아갔다. 처녀자리는 아스트레아의 모습이다.

성냥개비 · 열대어 · 입술 모양 · 프라이팬 · 원뿔 · 병

망치 · 페인트 붓 · 남자 구두 · 고추 · 독수리 머리 · 벙어리장갑

행복은 내 안에 숨어 있었네

삿갓 · 개 머리 · 펜대 · 부엌칼 · 종이컵 · 못

Baghdad is not remote for a lover.

사랑하는 사람을 위해서는 바그다드도 멀지 않다.

—영국 속담

삼각자 · 병따개 · 별 모양 · 뱀 · 빨랫방망이 · 새

새 머리 · 양초 · 장화 · 빨랫방망이 · 도토리 · 못

종이비행기 · 호미 · 학사모 · 양초 · 열대어 · 들것

행복은 내 안에 숨어 있었네

숫자 7 · 귀이개 · 목장갑 · 접은 우산 · 장화 · 복어

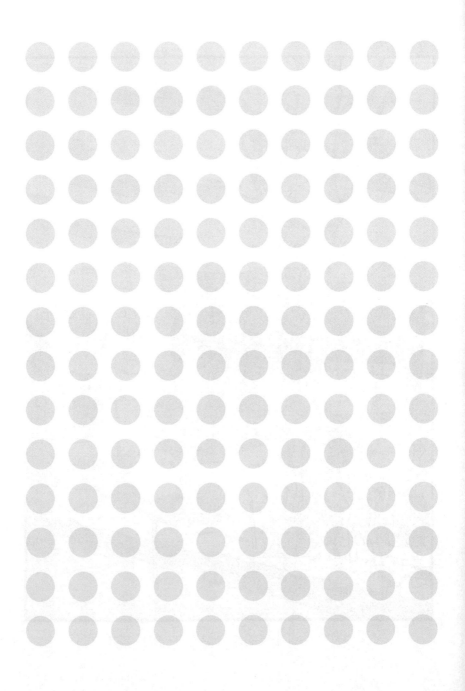

완전 주눅 든 남자

바가지 · 개 머리 · 밤톨 · 우리나라 지도 · 박쥐 · 숟가락

행복은 내 안에 숨어 있었네

내일 일은 내일에

성냥개비 · 나비 · 안경 · 만년필촉 · 은행잎 · 압정

學 不 可 以 已　학불가이이 [학문을 그쳐서는 안 된다.]

青 取 之 於 藍　청취지어람 [푸른색은 쪽에서 나왔지만]

而 青 於 藍　이청어람 [쪽빛보다 더 푸르고]

氷 水 爲 之　빙수위지 [얼음은 물에서 나왔지만]

而 寒 於 水　이한어수 [물보다 더 차다.]

쪽빛에서 나온 물감이 쪽빛보다 더 푸르다는 말로, 제자가 스승보다 낫다는 뜻의 고사성어 '青出於藍'이 나온 전국시대의 학자 순자의 글.

대단한 아이

모종삽 · 부엌칼 · 접은 우산 · 가오리연 · 깔때기 · 화분

뼈다귀 · 화분 · 장화 · 군인 모자 · 커피잔 · 삼각자

그냥 힘만 달라고 해

야구 배트 · 낚싯바늘 · 머리빗 · 몽당연필 · 페인트 붓

행복은 내 안에 숨어 있었네

연필 · 화살표 · 못 · 유리잔 · 입술 모양 · 열대어

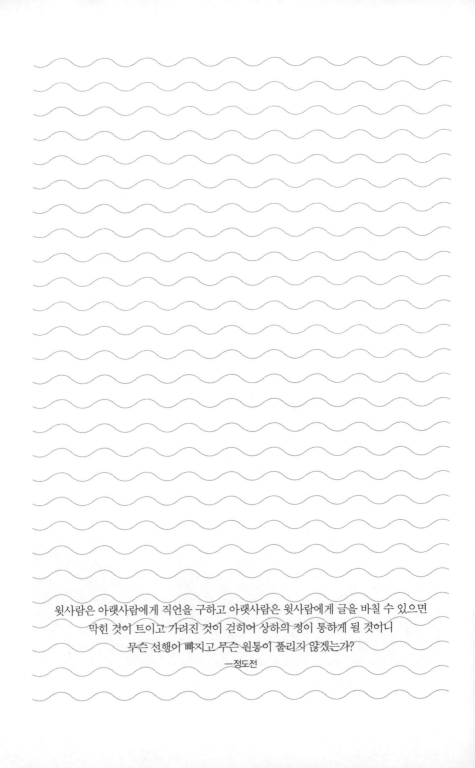

윗사람은 아랫사람에게 직언을 구하고 아랫사람은 윗사람에게 글을 바칠 수 있으면
막힌 것이 트이고 가려진 것이 걷히어 상하의 정이 통하게 될 것이니
무슨 선행이 빠지고 무슨 원통이 풀리지 않겠는가?
—정도전

카드 봉투 · 닭 머리 · 8분음표 · 만년필촉 · 무 · 완두콩

전화를 안 받는 이유

텐트 · 열대어 · 장화 · 숫자 7 · 양말 · 비커

접은 딱지 · 삿갓 · 괭이 · 톱 · 장죽 · 삼각자 · 편지 봉투

오징어 몸통 · 페인트 붓 · 남자 구두 · 아이스콘 · 국자

슬리퍼 · 피라미드 · 페인트 붓 · 중절모 · 종이비행기 · 고추

행복은 내 안에 숨어 있었네

화살표 · 낚싯바늘 · 만년필촉 · 카드 봉투 · 오리

편견은 판단을 가지지 않는 의견이다.

—볼테르

도토리 · 넥타이 · 만년필촉 · 방울모자 · 하트 · 삿갓

돛단배 · 오리 머리 · 접은 우산 · 텐트 · 톱 · 화분

만일 모든 여성들이
딸을 낳고도
서운한 감정을
조금도 갖지
않는다면 남녀
평등은 실현된
것이다.

고구마 · 책 · 새 · 남자 구두 · 하트 · 빨랫방망이

연필 · 숫자 7 · 종이컵 · 하이힐 · 목장갑

아주 특별한 「숨은그림찾기」 모범 답안

모두 여기에 숨어 있었네

해는 또다시 떠오른다.

—헤밍웨이

행복은 내 안에 숨어 있었네

121

시냇개비 · 아이스콘 · 숯자기 · 카드 봉투 · 모종삽 · 중절모

123

망치 · 빗자루 · 빨간밤마이 · 피라미드 · 고무장갑

125

횟기 · 갈매기 · 중절모 · 착관 · 말굽 · 커피잔

127

군인 모자 · 만두 · 전화 · 포크 · 무 · 국자

129

서예 붓 · 고축 · 뼈다귀 · 쇠파벳 · 낫 · 호박

131

고양이 · 편지봉투 · 흔들스틱 · 빠개비 · 오이 · 남자 구두

133

버선 · 화사 · 몸통 · 삿갓 · 고축 · 군건모자 · 볼리핀

135

포상표 · 경찰모자 · 새 · 알파벳 T자 · 열쇠 · 촛불

137

빗자루 · 카드봉투 · 엘더어 · 삿갓 · 슬리퍼 · 무

행복은 내 안에 숨어 있었네
—아주 특별한 「숨은그림찾기」·1

1판 1쇄 발행일 ㅣ 2017년 8월 25일

지은이 ㅣ 최준식
펴낸이 ㅣ 김채민

기획 및 편집 ㅣ 홍영사
인쇄 및 제본 ㅣ 새한문화사
용지 ㅣ 한국출판지류유통

펴낸곳 ㅣ 힘찬북
출판등록 ㅣ 제410-2017-000143호
주소 ㅣ 서울특별시 마포구 망원로 94, 301호
전화 ㅣ 02-2272-2554
팩스 ㅣ 02-2272-2555
이메일 ㅣ hcbooks17@naver.com

© 최준식, 2017

ISBN 979-11-961655-0-5-03190